essentials

Springer Essentials sind innovative Bücher, die das Wissen von Springer DE in kompaktester Form anhand kleiner, komprimierter Wissensbausteine zur Darstellung bringen. Damit sind sie besonders für die Nutzung auf modernen Tablet-PCs und eBook-Readern geeignet. In der Reihe erscheinen sowohl Originalarbeiten wie auch aktualisierte und hinsichtlich der Textmenge genauestens konzentrierte Bearbeitungen von Texten, die in maßgeblichen, allerdings auch wesentlich umfangreicheren Werken des Springer Verlags an anderer Stelle erscheinen. Die Leser bekommen „self-contained knowledge" in destillierter Form: Die Essenz dessen, worauf es als „State-of-the-Art" in der Praxis und/oder aktueller Fachdiskussion ankommt.

Christoph Strünck

Gibt es ein Recht auf Gemeinwohl?

Öffentliche Interessen im Blickwinkel von Rechts- und Politikwissenschaft

Christoph Strünck
Universität Siegen
Deutschland

ISSN 2197-6708
ISSN 2197-6716 (electronic)
ISBN 978-3-658-04666-8
ISBN 978-3-658-04667-5 (eBook)
DOI 10.1007/978-3-658-04667-5

Die Deutsche Nationalbibliothek verzeichnet diese Publikation in der Deutschen Nationalbibliografie; detaillierte bibliografische Daten sind im Internet über http://dnb.d-nb.de abrufbar.

Springer VS

Gedruckt auf säurefreiem und chlorfrei gebleichtem Papier

Springer VS ist eine Marke von Springer DE. Springer DE ist Teil der Fachverlagsgruppe Springer Science+Business Media
www.springer-vs.de

Vorwort

Die Politikwissenschaft hat sich – zumal in Deutschland – eine Art Enthaltsamkeit auferlegt, wenn es um Fragen des Gemeinwohls geht. Die jahrzehntelange Diskussion über Pluralismustheorien hat eine prozedurale Perspektive hervorgebracht. In erster Linie wird das „Wie" politischer Prozesse analysiert: Welche Veto-Positionen gibt es, welche Entscheidungsregeln wirken, wer hat Zugang zu politischen Institutionen. Das „Was" bleibt dabei zurück: Wie kommen Interessenpositionen zustande, woraus speist sich die Legitimation dieser Positionen, wer sind Gewinner und Verlierer, was nützt es der Bevölkerung im Ganzen? Vor Gericht hingegen werden solche Fragen verhandelt. Und Gerichte werden immer mehr zum Schauplatz der organisierten Interessenvermittlung. Das gilt insbesondere dann, wenn es um die Rechte vermeintlich schwacher oder allgemeiner Interessen geht. Moderne Interpretationen von Pluralismus – wie sie im von Nils C. Bandelow und Simon Hegelich herausgegebenen Band „Pluralismus – Strategien – Entscheidungen" versammelt sind, erschienen 2011 bei Springer VS – berücksichtigen auch das „Was" und damit die inhaltliche Komponente des Gemeinwohls. In Sammel- und Verbandsklagen wird vor Gerichten nicht nur über den Ausgleich von Interessen verhandelt. Es müssen auch substantielle Begründungen dafür geliefert und gefunden werden, was eigentlich öffentliche Interessen sind. Für die Politikwissenschaft bietet die Analyse der so genannten „kollektiven Rechtsdurchsetzung" eine große Chance. Sie zeigt, dass Interessengruppen inhaltliche Gründe für gemeinwohlverträgliche Positionen geben müssen. Öffentliche Interessen sind also nicht bloß das Ergebnis eines parlamentarischen Kompromisses oder eines Gerichtsurteils. Sie werden bereits vorher im Prozess definiert, insbesondere in Gerichtsverfahren. Hier liegt ein großes Forschungsfeld für die Politikwissenschaft, das auch zur Erneuerung der Pluralismustheorie beitragen kann.

Siegen, im November 2013 Christoph Strünck

Inhaltsverzeichnis

Absage ans Gemeinwohl: Realismus oder Mutlosigkeit? 1

Wenn es ums Gemeinwohl geht, scheint sich in den letzten Jahren eine Art Arbeitsteilung zwischen der Wirtschafts-, der Rechts- und der Politikwissenschaft eingespielt zu haben. Ökonomen erklären der Öffentlichkeit, warum bestimmte politische Maßnahmen gut für uns alle, also gut für das Gemeinwohl seien und andere weniger gut. Juristen erläutern, dass bestimmte politische Maßnahmen im öffentlichen Interesse lägen, also gut für das Gemeinwohl seien. Politikwissenschaftler hingegen würden sich nie so weit hinaus wagen und trumpfen dennoch auf.

Denn die pluralistisch geschulte Skepsis gegenüber dem Gemeinwohl-Begriff wird inzwischen als gewachsenes Selbstbewusstsein und neuer Realitätssinn der Disziplin verkauft: Wir sollten darauf schauen, dass der politische Prozess fair und transparent verläuft. Alles andere ist Geraune um ein *a-priori*-Gemeinwohl, das dem Wesen der Demokratie als legitimiertem Dauer-Kompromiss widerspricht. Ist eine solche Haltung nicht eigenständig genug in Zeiten, in denen vor allem in den Medien der demokratische Kompromiss immer mehr kompromittiert wird? Außerdem kann sich die Politikwissenschaft darin sonnen, endlich das Stigma der ewigen Nörglerin und Krisenwissenschaft abgestreift zu haben. Wie ließe sich das besser demonstrieren, als mit entschlossener Nüchternheit und Abgeklärtheit?

Politikwissenschafter strahlen Realismus aus, während Ökonomen und Juristen normative Wunschkonzerte aufführen und politische Naivität an den Tag legen: Wenn diese Wahrnehmung richtig ist, muss dann dieser „neue Realismus" der Disziplin nicht auch gut bekommen? Ist er die logische Konsequenz einer folgenreichen Pluralismus-Diskussion, die jetzt erst richtig Früchte trägt?

Oder verbirgt sich hinter der Fassade der Aufklärung und nüchternen Analyse nur Mut- und Ratlosigkeit, weil es keine (politikwissenschaftlichen) Kriterien für gute oder schlechte Politik gibt? Und legitimiert diese Haltung nicht automatisch jede Art von Politik und damit den *status quo*, ganz unabhängig von den noch so problematischen Konsequenzen politischer Entscheidungen? Es könnte modernen Pluralismus-Konzepten einen weiteren Schub geben, wenn sich die Politikwissen-

C. Strünck, *Gibt es ein Recht auf Gemeinwohl?*, essentials,
DOI 10.1007/978-3-658-04667-5_1, © Springer Fachmedien Wiesbaden 2014

schaft auch wieder substanzieller mit substanziellen Gemeinwohlkonzepten beschäftigte. Dazu möchte dieser Beitrag anregen.

Ursprünglich lieferte die Policy-Analyse viele konkrete Vorschläge für politische Maßnahmen und Programme, denn der angewandte Teil dieser Subdisziplin verstand sich ja als konkrete Politikberatung. Politikwissenschaftliche Beratung – zumindest in Deutschland – beschränkt sich allerdings inzwischen weitgehend auf Wahlkampf und politische Kommunikation. Die policy-orientierten Vorschläge werden meistens Ökonomen und Soziologen überlassen: in der Arbeitsmarkt-, Umwelt-, oder Bildungspolitik.

Im Mittelpunkt dieses Beitrags steht aber das Verhältnis zu einer anderen Disziplin, der Rechtswissenschaft. Während Ökonomen mit dem umstrittenen Pareto-Optimum oder utilitaristischen Prinzipien empirische Kriterien als Gemeinwohläquivalent für ihre policy-Vorschläge verwenden, sprechen deutsche Rechtswissenschaftler explizit von „öffentlichen Interessen".

Wie steht die Politikwissenschaft zum Kriterium der „öffentlichen Interessen" und wie verhält sich das Kriterium zum Pluralismus? Inwiefern spielen prozedurale wie auch substanzielle Dimensionen des Gemeinwohls eine konkrete Rolle in Politikfeldern, die sich gerade in rechtlicher Regulierung niederschlagen? Diese Fragen greife ich im Folgenden am Beispiel der Verbraucherpolitik auf. Dazu skizziere ich zunächst, welchen Stellenwert öffentliche Interessen in der Rechtswissenschaft und Rechtssprechung haben. Diese Skizze zeigt, dass das Konzept der öffentlichen Interessen stark von pluralistischem Denken beeinflusst ist und zugleich über ein prozedurales Gemeinwohlverständnis hinausgeht. In der Verbraucherpolitik lässt sich das besonders gut zeigen, da hier der Schutz allgemeiner bzw. schwacher Interessen reklamiert wird. Ich konzentriere mich auf die Streitfrage, ob dabei organisierten Interessen kollektive Klagerechte zugestanden werden sollten, etwa im Sinne einer Verbandsklage von Verbraucherverbänden. Dazu beleuchte ich die rechtswissenschaftliche Diskussion in der Bundesrepublik sowie die Rechtspraxis in den USA, die häufig als Referenzpunkt gesehen wird.

Meine These lautet, dass die stärkere Nutzung des Zivilrechts zur kollektiven Rechtsdurchsetzung in Deutschland sowie der Wandel europäischer Rechtssysteme dazu führen, dass sich die Rechtspraxis noch deutlicher prozeduralen Gemeinwohlbegriffen der Pluralismustheorie annähert: Je effektiver allgemeine oder öffentliche Interessen vertreten werden, desto effektiver werden Rechte durchgesetzt. Doch durch diese Rechtspraxis tauchen neue Ansprüche an substanziell formulierte Gemeinwohlkriterien auf. Denn auch die kollektive Rechtsdurchsetzung basiert auf Machtbeziehungen und organisierter Interessenvermittlung.

Um die Qualität solcher Machtbeziehungen besser analysieren zu können, gerade wenn es um die Repräsentation allgemeiner oder öffentlicher Interessen in

Recht und Politik geht, sollten substanzielle Gemeinwohlkonzepte stärker in den Fokus rücken. Denn sie gewinnen angesichts schwelender Konflikte um Gesundheit, Umwelt und Konsum an legitimatorischer Bedeutung.

2 Die Verteidigung „öffentlicher Interessen" in Rechtswissenschaft und Rechtspraxis

Nicht nur im deutschen Verwaltungsrecht, auch im amerikanischen *case law* sind die „öffentlichen Interessen" bzw. das *public interest* etablierte Rechtsbegriffe. Nahe am Konzept des Gemeinwohls bewegt sich der Begriff des „öffentlichen Interesses". Semantisch ist er allerdings noch problematischer, da zumindest im sozialwissenschaftlichen Sinne Interessen stets an soziale Gruppen gebunden sind und nicht an ein abstrakt verallgemeinerbares Prinzip wie Öffentlichkeit oder Staatlichkeit.

Dennoch taucht gerade in der Rechtssprechung der Begriff der „öffentlichen Interessen" häufig auf. Auffälligerweise dominiert im Gegensatz zur angelsächsischen Tradition im kontinentaleuropäischen Verständnis der Plural, auch wenn in seltenen Fällen die Rede vom „öffentlichen Interesse" ist. Dieser Singular fasst nach allgemeinem Rechtsverständnis jedoch nur die Vielzahl öffentlicher Interessen zusammen (vgl. Häberle 1970).

Diese spiegeln sich nach rechtswissenschaftlicher Auffassung im allgemeinen Bedarf an öffentlicher Infrastruktur wie Schulen, Krankenhäusern, Parks oder Sportplätzen oder auch allgemeinen Zielen wie dem Umwelt- und Naturschutz wider. Sie können untereinander und gegenüber privaten Interessen in Konflikt geraten (vgl. Hofmann 2002). Daher können auch öffentliche Interessen keinen absoluten Stellenwert für sich beanspruchen, sondern werden in Verfahren der Güterabwägung miteinbezogen.

Diese Methode rührt daher, dass anders als der zumindest begrifflich an vormodernen Traditionen ansetzende Terminus des Gemeinwohls die Verwendung von „öffentlichen Interessen" als Kriterium auf den in der Industrialisierung entstandenen Interessenbegriff zurückgeht. Vor allem aber knüpft die Rechtswissenschaft auf diese Weise an das Interessen- und Gemeinwohlverständnis des Pluralismus und des Neopluralismus an.

Das wird noch deutlicher, wenn man die Verwendung dieses Konzepts im angelsächsischen Rechtsraum, insbesondere aber in den USA, analysiert. Einerseits findet *public interest* dort auch als Bezeichnung politischen Handelns Verwendung,

C. Strünck, *Gibt es ein Recht auf Gemeinwohl?*, essentials,
DOI 10.1007/978-3-658-04667-5_2, © Springer Fachmedien Wiesbaden 2014

bei dem Wohlfahrt und öffentliche Güter mit maximaler Effizienz produziert werden (vgl. klassisch Musgrave 1962). Hier erscheint Gemeinwohl in der Form von öffentlichen Gütern.

Dem Vertrauen auf Wettbewerb als Instrument zur Erlangung kollektiver Wohlfahrt – inklusive der Anerkennung möglichen Marktversagens – entspricht im amerikanischen Rechtsverständnis das Bestreben, eine möglichst maximale Repräsentation von Interessen zu garantieren (vgl. Weisbrod 1978). Solange ein funktionsfähiger Wettbewerb die Interessen nicht-organisierter Marktteilnehmer – im Sinne von Empfängern ökonomischer und politischer Leistungen – berücksichtigt, muss das öffentliche Interesse nicht eigens durchgesetzt werden. Sobald jedoch Marktversagen auftritt, könnte dies neben ordnungspolitischen Maßnahmen auch eine rechtliche Verstärkung der Nachfragerseite nötig machen.

Dieses Verständnis ist grundlegend, wenn öffentliche Interessen definiert werden. Eine Unterscheidung zwischen einem eigenständigen öffentlichen Interesse und privaten Interessen ist hier nämlich weder möglich noch nötig. Stattdessen wird vorausgesetzt, dass alle ihre privaten Interessen verfolgen. Die Politik muss dafür sorgen, dass diese Interessen in ihrer Breite repräsentiert und ohne Privilegien vermittelt werden können. Diese Interpretation öffentlicher Interessen nimmt deutliche Anleihen beim Pluralismus, der ebenfalls das Grundmodell des ökonomischen Wettbewerbs in die Sphäre der Politik überträgt. Konsequenterweise widmen sich einflussreiche Schulen des *public interest law* dann auch der Frage des „Wettbewerbsversagens" im politischen Interessenausgleich (vgl. Brownsword 1993).

Daneben gibt es auch zahlreiche Versuche der Rechtswissenschaft, aber auch anderer Disziplinen, das öffentliche Interesse stärker inhaltlich zu umreißen (vgl. Reich 1988). Das macht sich allein schon in der Gesetzgebung des Kongresses bemerkbar, der in seinem *statutory law* für die Regulierungsbehörden Prinzipien festlegen muss, nach denen Vorschriften gegen die Interessen Privater durchgesetzt werden können. Das Regulierungsrecht bewegt sich deshalb im Rahmen des öffentlichen Rechts, während das Haftungsrecht ein Instrument des Privatrechts darstellt.

Der Vollständigkeit halber ist auch noch eine weitere Variante öffentlichen Interesses zu erwähnen, die sich stärker dem Adjektiv als dem Substantiv des Begriffes zuwendet. Hier bietet die „generelle Öffentlichkeit" ein kontrollierendes Forum, in dem die Konsequenzen privaten Handelns gerechtfertigt werden müssen. Einige Autoren gehen sogar so weit, in der Öffentlichkeit die Materialisierung des generellen oder allgemeinen Interesses finden zu können (vgl. Ulrich 1986). Diese an die Konzepte von der deliberativen Demokratie anschließenden Ideen übersehen allerdings, dass gerade die fehlende Transparenz und die nicht-intendierten

Folgewirkungen individuellen Handelns besondere Anreizmechanismen erforderlich machten, die allein die Kontrolle durch Öffentlichkeit nicht garantieren kann.

Einen bemerkenswerten Unterschied gibt es zwischen amerikanischen Rechtsauffassungen und der kontinentaleuropäischen Rechtsbetrachtung. In den USA werden auch die Gruppenrechte von Verbrauchern betont, was wiederum mit einer besonderen Auffassung vom öffentlichen Interesse zusammenhängt. Die kontinentaleuropäische Rechtswissenschaft hingegen nimmt – auch wenn sie von *den* Verbrauchern spricht – die individuelle Rechtsposition des einzelnen Verbrauchers in den Blick, weil hier der subjektive Rechtsschutz dominiert und Sammelklagen die Ausnahme sind.

Gemäß der Auffassung vom „public interest" im amerikanischen Rechtssystem liegt es im öffentlichen Interesse, dass schwache oder allgemeine Interessen möglichst effektiv im Rechtssystem repräsentiert werden. Dieser Grundsatz ähnelt Argumenten, wie sie Anhänger des Verbandsklageprinzips in Deutschland ins Feld führen (siehe Kap. 4).

Die Dilemmata „allgemeiner Interessen"

3

Auch die Rechtswissenschaft verwendet neben dem Begriff der „öffentlichen Interessen" das in den Sozialwissenschaften populäre Konzept der „allgemeinen Interessen". Während die öffentlichen Interessen weitgehend eine Art Gemeinwohl-Kriterium sind, verbergen sich hinter den allgemeinen Interessen konkrete soziale Gruppen.

So werden zum Beispiel die Interessen von Steuerzahlern oder Verbrauchern sowohl in der Politik als auch in den Sozialwissenschaften häufig als „allgemein" oder auch „schwach" bezeichnet. „Allgemein" bezieht sich zunächst darauf, dass in Volkswirtschaften letztlich alle auch als Verbraucher agieren, sich diese Gruppe also nicht mit Hilfe bestimmter soziologischer Kategorien abgrenzen lässt. Es ist sogar fraglich, ob Verbraucher angesichts dieser umfassenden Definition überhaupt als „Gruppeninteressen" zu begreifen sind. Aus der Größe der Gruppe müsste also eher folgen, dass diese Interessen stark und nicht schwach sind.

Die Schwäche von Verbraucherinteressen resultiert jedoch aus dem Kollektivgut-Dilemma, wie es Mancur *Olson* (1965) in seiner klassischen Studie zur Theorie von Gruppen herausgearbeitet hat. Demnach gibt es Ergebnisse kollektiven Handelns, von deren Nutzen niemand ausgeschlossen werden kann. Ein treffendes Beispiel hierfür ist saubere Umwelt als ein Resultat umweltpolitischer Interessenvertretung.

Weil von diesem Ergebnis letztlich alle profitieren, sind die Anreize gering, sich an der Herstellung dieses Gutes zu beteiligen. Und obwohl alle profitieren würden, ist deshalb die Wahrscheinlichkeit gering, dass es überhaupt zur kollektiven Interessenorganisation kommt. Wenn es aber doch gelingt, eine Organisation aufzubauen, bleibt die Mitgliedschaftsbasis prekär. Denn von den Erfolgen der Organisation zehren auch die Nicht-Mitglieder, die in der Art eines „Trittbrettfahrers" profitieren, ohne sich zu engagieren. Die gleiche theoretische Überlegung trifft auch auf den Verbraucherschutz zu. Gelingt es, allgemeine Standards durchzusetzen, gelten diese Vorschriften für alle.

C. Strünck, *Gibt es ein Recht auf Gemeinwohl?*, essentials,
DOI 10.1007/978-3-658-04667-5_3, © Springer Fachmedien Wiesbaden 2014

Diese Argumente laufen darauf hinaus, dass die Organisationsfähigkeit von Verbrauchern stark eingeschränkt ist. Empirisch kann man jedoch sehen, dass Verbraucherinteressen sehr wohl organisiert sind und auch vertreten werden. Dieser Umstand widerlegt jedoch nicht die grundlegenden Annahmen von *Olson*. Denn in der Regel werden diese Interessen advokatorisch vertreten, sei es unmittelbar durch den Staat wie in vielen europäischen Ländern, sei es durch politisch motivierte Unternehmer und privat finanzierte *public interest groups* wie in den USA (vgl. Schubert 1992).

Verbraucherinteressen müssen nicht zwangsläufig durch Verbraucher vertreten werden. Klassische Mitgliedsorganisationen mit Massenbasis wie Gewerkschaften finden sich in der Verbraucherpolitik so gut wie gar nicht. Das ist übrigens ein Grund dafür, warum der Massenboykott als scharfes Schwert der Verbraucher weitaus seltener ist, als seine Wirkung erwarten lassen könnte. Insofern folgt aus der schwierigen Organisationsfähigkeit der allgemeinen Verbraucherinteressen indirekt, dass sie wenig konfliktfähig sind, obwohl sie theoretisch ein hohes Sanktionspotential besitzen (vgl. Offe 1969).

Stattdessen spielen häufig „politische Unternehmer" eine zentrale Rolle, die aus moralischen Überzeugungen oder anderen Motiven heraus nur schwach repräsentierte Interessen vertreten (vgl. Wilson 1973). Politische Unternehmer können das Kollektivgut-Dilemma auflösen. Außerdem fungiert die Mobilisierung der Öffentlichkeit als ein funktionales Äquivalent für die fehlende Mitgliedschaftsbasis. Gerade nach Skandalen eröffnen sich Chancen für Verbraucherschützer, die Politik zu neuen Maßnahmen zu bewegen (vgl. Strünck 2005).

Es liegt aber nicht nur am inhärenten Kollektivgut-Dilemma, dass die mitgliederorientierte Organisation der eigentlichen Verbraucher tatsächlich schwierig ist. Schließlich florieren in der Umweltpolitik, die vor dem gleichen Dilemma steht, seit den 80er Jahren starke Vereine und Verbände. Dieser Unterschied lässt sich mit der unterschiedlichen Struktur der Konflikte erklären. Im Umweltschutz wird der Konflikt oftmals auf Unternehmen konzentriert, die Verschmutzung in Kauf nehmen, um ihre wirtschaftlichen Interessen verfolgen zu können. Die Konsequenzen der Verschmutzung sind beinahe immer sichtbar und auch darstellbar.

Im Vergleich dazu braucht es gerade im gesundheitlichen Verbraucherschutz häufig einen Skandal, um die Tragweite unternehmerischen wie aber auch staatlichen Handelns vor Augen zu führen. Sichtbarkeit ist daher eine entscheidende Kategorie, wenn es um die Mobilisierung von Gruppen in Konflikten geht (vgl. Eisner et al. 2000). Doch auch Verbraucherorganisationen können das Instrument anwenden, das *Olson* selbst als Ausweg aus dem Kollektivgut-Dilemma beschrieben hat. Über selektive Anreize – etwa exklusive Informationen oder Beratung – können Interessenorganisationen durchaus „private" Dienstleistungen anbieten, über die sich Mitglieder gewinnen lassen wie etwa Test-Zeitschriften. Faktisch sind jedoch in vielen Ländern die so genannten „Verbraucherorganisationen" halb-öffentliche oder öffentliche Organisationen, die nur mit Hilfe staatlicher Subventionen existieren können.

Aus rechts-, aber auch aus politikwissenschaftlicher Perspektive kommt solchen Organisationen eine besondere Rolle zu. Denn sie sind die entscheidenden Akteure, wenn es um die Repräsentation allgemeiner Interessen und die Sicherung öffentlicher Interessen geht.

4 Kollektive Interessenvertretung oder individueller Rechtsschutz? Die Repräsentation allgemeiner Interessen im Rechtssystem

Wie können allgemeine Interessen vertreten werden, wie können ihre Rechte wahrgenommen und durchgesetzt werden? Diese Frage beschäftigt die Rechtswissenschaft in besonderer Weise. In einer traditionellen öffentlich-rechtlichen Sicht werden öffentliche Interessen durch staatliches Handeln gewahrt, während private Interessen auf dem Wege des subjektiven Rechtsschutzes vor den Gerichten vertreten werden.

Doch subjektiver Rechtsschutz kann nicht verhindern, dass sich Sonder- oder Partikularinteressen auf Kosten von allgemeinen Interessen durchsetzen (vgl. Michael 2004). Insofern drängen Verwaltungsrechtler darauf, die Trennlinie zwischen öffentlichem Recht und Privatrecht weiter aufzuweichen, vor allem über das Mittel der Verbandsklage.

Dass private Verbände rechtliche Mittel einsetzen, ist zwar nicht neu, aber durchaus kein großer Forschungsgegenstand der deutschen Politikwissenschaft. Es gibt jüngere Arbeiten, in denen die politische Rolle von Juristen bzw. des Rechtssystems am Beispiel des kollektiven Arbeitsrechts analysiert wird (vgl. Rehder 2009). In solchen Fällen klagen Verbände in der Regel im Namen ihrer Mitglieder.

Die so genannte „Verbandsklage" meint jedoch etwas anderes. Hier klagen Verbände im Namen Dritter bzw. für nicht-organisierte Interessen, sei es für die Umwelt oder für Verbraucherrechte. In die Sprache der Rechtswissenschaft übersetzt heißt das: Öffentliche Belange werden von Privaten vertreten, und zwar im Rahmen des Zivilprozesses (vgl. Schmidt 2002). Obwohl die Verbandsklage als Rechtsinstrument klassische Fragen der politischen Soziologie berührt, wie etwa die Organisations- und Konfliktfähigkeit von Interessen, gibt es praktisch keine Analysen von Verbandsklagen aus politikwissenschaftlicher Sicht.

Umso intensiver wird die Debatte in der Rechtswissenschaft geführt. Zumindest in der deutschen Rechtswissenschaft scheint die Frage der kollektiven Rechtsdurchsetzung die Gemüter zu erhitzen. Was für die einen eine notwendige Strategie

C. Strünck, *Gibt es ein Recht auf Gemeinwohl?*, essentials,
DOI 10.1007/978-3-658-04667-5_4, © Springer Fachmedien Wiesbaden 2014

ist, um dem Recht effektiv und effizient zur Geltung zu verhelfen, ist für andere die kollektive Anmaßung subjektiv verankerter Individualrechte.

In diesem Streit gibt es bemerkenswerte Bezüge zur Demokratie- und Pluralismustheorie. So argumentieren Verfechter der Verbandsklage, dass dieses Instrument die output-Legitimation der Demokratie stärken könne (vgl. Michael 2004). Denn wenn das Recht nicht durchgesetzt werde, weil die Kläger fehlen, könne dies die Effektivität und damit das Ansehen der Demokratie schädigen. Weniger abstrakt betrachtet bedeutet dies, dass erst die Verbandsklage dafür sorgt, dass subjektive Rechte gewahrt werden können.

In dieser Perspektive verschwimmen öffentliche und allgemeine Interessen: Private Verbände nehmen stellvertretend allgemeine, nicht-organisierte Interessen wahr und erfüllen damit eine öffentliche Funktion. Man könnte auch sagen: Allgemeine Interessen von Dritten vertreten zu lassen liegt im öffentlichen Interesse.

Dies ist besonders dann der Fall, wenn es um so genannte „Streuschäden" geht (vgl. Micklitz und Stadler 2006). Der Schaden für den Endverbraucher ist hierbei so gering, dass niemand deswegen Kosten auf sich nimmt, dagegen rechtlich vorzugehen. Die Märkte funktionieren in einem solchen Fall nicht optimal. Streuschäden setzen die steuernde Funktion der Konsumentensouveränität außer Kraft. Das lässt sich nicht nur bei technischen Geräten, sondern auch bei Finanzprodukten beobachten. Aus rechtswissenschaftlicher Perspektive sind Streuschäden ein zentrales Argument dafür, dass Verbraucherinteressen von Dritten vertreten werden müssen, um vorhandene Rechte effektiv durchzusetzen, vor allem auf dem Wege der Verbandsklage.

Dies sehen einige Staatsrechtler ganz anders. Eine typische Gegenposition nimmt der ehemalige Bundesminister Rupert Scholz (2003) ein. Er spricht Verbänden die rechtliche Legitimation für Kollektivklagen ab, da sie letztlich auf einer Art eigenmächtiger „Selbst-Mandatierung" beruhten. Verbandsklagen würden daher dazu führen, dass der individuelle Rechtsschutz an den Rand gedrängt und damit ausgehöhlt würde.

Ohne diese unterschiedlichen Positionen weiter zu bewerten, lässt sich feststellen: Normativ argumentierenden Anhängern des subjektiven Rechtsschutzes stehen eher empirisch und verfahrensökonomisch argumentierende Verfechter der kollektiven Rechtsdurchsetzung gegenüber. Letztere definieren zwar kein inhaltliches Gemeinwohl, aber sie halten Verbandsklagen für ein wichtiges Kriterium eines prozeduralen Gemeinwohls.

Damit brechen in der rechtswissenschaftlichen Diskussion um Verbandsklagen zwei Fronten auf, die auch in der politikwissenschaftlichen Pluralismusdebatte prominent sind. Staatsrechtler wie Scholz und andere setzen die „öffentlichen Interessen" letztlich mit Staatszielen gleich und verwenden somit einen substanziellen Gemeinwohlbegriff. Der Staat hat hier die Aufgabe, allgemeine Interessen durch gesetzliche Regelungen zu schützen. Verwaltungs- und Zivilrechtler, die sich aus Gründen einer effektiven und effizienten Rechtsdurchsetzung für Verbandsklagerechte aussprechen, bewegen sich dagegen im Rahmen eines prozeduralen Gemeinwohl-Verständnisses.

Die Verbandsklage ist weitgehend ein kontinentaleuropäisches Phänomen. In den angelsächsischen Ländern geht es eher um Gruppen- und Sammelklagen, in denen viele Einzelklagen in einem Gerichtsverfahren gebündelt werden. Auch dieses Verfahren soll dafür sorgen, dass allgemeine Interessen wirkungsvoll vertreten werden.

5 Sammelklagen als Ausdruck und Konsequenz des fragmentierten Pluralismus? Das Beispiel der USA

Die amerikanische Tradition des Verbraucherschutzes ist ohne die besondere Rechtskultur der USA nicht vorstellbar (vgl. Strünck 2006). Die mittlerweile berüchtigten Schadenersatzklagen, häufig in Form von Sammelklagen (*class actions*) organisiert, sind selbst ein Produkt der Hochphase sozialer Regulierung in den 70er Jahren, ebenso aber auch ein Instrument, mit dem der Schutz vor Risiken in neue Dimensionen vorgestoßen ist. Das entscheidende Ereignis war die zusammengefasste Klage mehrerer Tausend Vietnam-Veteranen gegen die Hersteller des Herbizids *agent orange*, das die US-Armee im Krieg zur Entlaubung eingesetzt hatte, um die gegnerischen Soldaten besser orten zu können.[1] Der außergerichtliche Vergleich von 1984 fußte auf dieser erstmalig angestrengten Sammelklage, denn zuvor waren in vergleichbaren Verfahren stets individuelle Schadenersatzansprüche verhandelt worden, was die Kosten für die Kläger unberechenbar machte (vgl. Schuck 1987). Erst durch Sammelklagen veränderten sich die Anreize für individuelle Kläger, vor Gericht zu ziehen.

Die besondere Bedeutung des Haftungsrechts und seiner Konsequenzen stellt aber nur eine Facette einer Rechtsentwicklung dar, die Robert Kagan (2001) als „adversarial legalism" bezeichnet. Diese Rechtskultur findet sich laut *Kagan* sowohl im Straf- und Zivilrecht als auch im Verwaltungsrecht der Vereinigten Staaten. *Adversarial legalism* bezeichnet in erster Linie den Stil des Rechtssystems.

Ausgangspunkt ist die Beobachtung, dass in den USA die Politik häufig durch Gerichtsentscheidungen oder angedrohte Verfahren zu Entscheidungen gezwungen wird oder politisch relevante Entscheidungen sogar ohne Mitwirkung der Politik allein durch die Rechtssprechung gefällt werden. Dies ist auch deswegen möglich, weil Richterinnen und Richter weniger an formales Recht nach kontinentaleuropäischer Tradition gebunden sind, sondern gemäß den Prinzipien des

[1] Der Rahmen des Verfahrens ist dokumentiert in *In re Agent Orange Product Liability Litigation*, 597 F. Supp. 740 (E.D.N.Y. 1984).

C. Strünck, *Gibt es ein Recht auf Gemeinwohl?*, essentials,
DOI 10.1007/978-3-658-04667-5_5, © Springer Fachmedien Wiesbaden 2014

common law selbst Recht schaffen. Sie sind dadurch auch stärker an den eigentlichen Positionen von Klägern und Beklagten orientiert und damit „responsiver" als Richter in anderen Rechtssystemen (vgl. Nonet und Selznick 1978). Hinzu kommt, dass bis auf die Bundesgerichte und Berufungsgerichte auf der Ebene der Bundesstaaten der Richterposten ein Wahlamt ist.

Anders als im kontinentaleuropäischen Recht prägt daher auch das Phänomen des richterlichen Aktivismus die unteren Ebenen des Rechtssystems (vgl. Shapiro 1988). Viele Richter verfolgen eine öffentlich bekannte Linie in ihrer Rechtssprechung und ziehen regelmäßig von ihnen als wichtig erachtete Verfahren an sich. Der individuelle Spielraum ist größer, da die fallorientierte amerikanische Rechtssprechung den Richtern kein kodifiziertes Korsett anlegt, wie es in der kontinentaleuropäischen Tradition üblich ist.

Dadurch ist der Spielraum größer, neue Verfahrenstechniken wie Sammelklagen zuzulassen und als Rechtsinstrument zu stabilisieren. So hatte sich beispielsweise der Richter des *Federal District Court* im Fall *Agent Orange* den Ruf erworben, offen für neuartige Klagen und Klageprozeduren zu sein (vgl. Schuck 1987). Wenn man bedenkt, dass die durch Sammelklagen häufig erzielten außergerichtlichen Vergleiche (*settlements*) mehrfach zum Ausgangspunkt der Bundesgesetzgebung gemacht worden sind, so offenbart sich die besondere politische Funktion der Judikative in den USA.

Im fragmentierten politischen System der USA sind Konflikte im Rahmen der Gesetzgebung häufig schwer oder gar nicht zu lösen. Entscheidungen über Rechtswege zu erzwingen ermöglicht, eine Art Bypass zu legen, mit dem diese Schwierigkeiten überwunden werden können. Zugleich dient das Rechtssystem in der sozialen und ethnischen Gruppengesellschaft der USA dazu, die Rechte von Gruppen, ihren Zugang zu Leistungen und Infrastruktur von Staat und Wirtschaft zu definieren und durchzusetzen. Für die amerikanische Bürgerrechtsbewegung waren stets Gerichte und nicht das Parlament der bevorzugte Aktionsraum (vgl. Sarat 1997). Diese Erkenntnisse unterstützen die These, dass allgemeine Interessen in fragmentierten politischen Systemen bessere Durchsetzungschancen haben als in integrierten und zentralistischen (vgl. Schubert 1989).

Will man das Konzept des *adversarial legalism* kurz und bündig beschreiben, so gehören die folgenden Aspekte dazu:

- Konfliktlösung durch juristische Maßnahmen wie Strafgelder, Haftung, Entscheidungskontrolle (*judicial review*) oder schlicht die gerichtlich angemahnte Durchsetzung vorhandener Gesetze;
- Konfliktstrukturierung durch einen über Anwälte und Parteien ausgetragenen Disput;

- Konsequenzen dieser Form der Konfliktaustragung und Entscheidungsfindung sind hohe Kosten und relativ hohe Ungewissheit, dafür aber auch Unterstützung sozialen Wandels.

Jede einzelne der drei Dimensionen trifft man auch in anderen Demokratien an, aber in den USA sind sie in vielen Politikfeldern der vorherrschende Entscheidungsmodus. Die für die Kultur des *adversarial legalism* tpyischen punktuellen und inkrementalistischen Rechtsveränderungen eröffnen Interessengruppen, Parteien, aber auch Bürgern neue Möglichkeiten. Sie bieten allerdings nicht die Kontinuität und Überprüfbarkeit wie das bürokratisch eingerahmte Recht kontinentaleuropäischen Zuschnitts.

Die Gegner des Systems beklagen Blockaden und willkürliche Entscheidungen, die nicht selten vom gewählten Gerichtsort abhängen, je nachdem, mit welcher Agenda die Richter dort politisch gewählt worden sind. Je nach politischem Standpunkt werden auch die exorbitanten Kosten angeprangert, denen sich Unternehmen gegenübersehen. Die Befürworter machen dagegen geltend, dass dieses System besser als jedes andere in der Lage sei, sozialen Wandel auf den Weg zu bringen, innovative gesellschaftliche Lösungen zu kreieren und Individual- wie Gruppenrechte auf eine stabile Basis zu stellen.

Im Gegensatz zu kontinentaleuropäischen Bürokratien, die sich insbesondere im britischen und französischen Fall eher gegen die Bürger abschotten als öffnen, garantiert die amerikanische Variante, dass Entscheidungen von Regierungen und Behörden stets kritisch beobachtet werden können. Denn es geht nicht nur darum, private Rechtssubjekte wie Unternehmen oder Mitbürger mit Rechtsmitteln zu Entscheidungen oder Revisionen zu zwingen, sondern genauso sehr darum, mittels *judicial review* die politische Praxis der Exekutiven unregelmäßig zu überprüfen oder auch dem Staat bestimmte Rechte und Anerkennung abzuringen. Dies ist im Übrigen gerade für den Verbraucherschutz ein wichtiger Aspekt.

Auf der Seite der Anwälte kommen noch besondere Anreize hinzu, die das Eigeninteresse verstärken. Erstens erlaubt die Möglichkeit von Sammelklagen, die in Deutschland ausgeschlossen sind, hohe Gesamtsummen für den Schadenersatz anzulegen, die das eigene Honorar entsprechend steigern, zumal es keine Obergrenze für Schadenersatzforderungen gibt. Mandanten finden sich schnell, weil sie nicht für die Kosten eines verlorenen Prozesses aufkommen müssen. Die beklagten Unternehmen hingegen müssen ihren Rechtsbeistand selbst finanzieren und sind deshalb nicht selten bereit, einen Vergleich einzugehen.

Die extrem hohen Summen, die in diesem System erzielbar sind, werden zwar immer wieder gebrandmarkt, sollen aber gerade durch ihre Höhe eine prohibitive Wirkung erreichen, die wiederum ein Äquivalent für starre gesetzliche Verbote oder Gebote darstellt. Fest steht aber auch, dass das Erpressungspotential dadurch enorm ansteigt, da schon eine drohende Klage ein Unternehmen teuer zu stehen kommen kann. Die schärfste Kritik richtet sich daher gegen dieses Problem sowie die zufällige und wenig berechenbare Regelung von Konflikten.

Das Handeln der Anwälte, das besonders stark in der öffentlichen Kritik steht, fügt sich in die Konzeption des *public interest*, welches das pluralistische System der Interessenvermittlung in den USA prägt. Demnach kompensieren die hohen finanziellen Anreize für Anwälte die fehlenden selektiven Anreize, um allgemeine Interessen zu organisieren.

Denn die Akzeptanz dieses Systems – trotz aller auch in den USA aufbrandenden Kritik – wäre nicht denkbar, wenn dieser Form der Konfliktaustragung nicht eine andere Form der Gemeinwohldefinition zugrunde liegen würde als in den meisten europäischen Staaten. In Europa wird entweder an fiktiven Gemeinwohlkonzepten festgehalten oder der Staat selbst zum Repräsentanten des Allgemeininteresses erklärt (vgl. Baumgartner 1996). Im Vergleich dazu dienen nach amerikanischer Denktradition gerade die Anwälte dem Gemeinwohl, indem sie schwachen Interessen zur Durchsetzung oder zumindest besseren Repräsentation im politischen Entscheidungsprozess verhelfen (vgl. Weisbrod u. a. 1978). Dieses Verständnis reiht sich ein in das Erbe der amerikanischen Pluralismustheorie, deren Gleichgewichtstheoreme sich fundamental von der älteren europäischen Staatsrechtslehre unterscheiden.

Prozedurales Gemeinwohl als grenzüberschreitender Konsens? 6

Bemerkenswert ist, dass zentrale Elemente des amerikanischen *adversarial legalism* wie die Sammelklagen und eine Dominanz zivilrechtlicher Konfliktregelung auch die europäischen Staaten und die Europäische Union immer stärker prägen (vgl. Strünck 2008). Die prognostizierte „Amerikanisierung" des (kontinental-)europäischen Rechts lässt auf den ersten Blick vermuten, dass sich die rechtswissenschaftlichen und -praktischen Gemeinwohlbegriffe immer stärker dem prozeduralen Verständnis der Politikwissenschaft annähern (vgl. Kelemen und Sibitt 2004).

Denn die Politikwissenschaft beschäftigt sich bekanntermaßen kaum noch mit materialen Gemeinwohlbegriffen. Seit den Debatten um Pluralismus und Neopluralismus dominieren prozedurale Konzepte, die auf einem Gemeinwohlverständnis a-posteriori fußen: Das Ergebnis politischen Wettbewerbs in einem demokratischen Regelwerk ist quasi gleichbedeutend mit dem Gemeinwohl (vgl. Hofmann 2002).

Damit verzichtet die Politikwissenschaft allerdings auf eigene Qualitätskriterien für politische Maßnahmen und überlässt diese der Ökonomie und anderen Disziplinen. Sie vernachlässigt auch die wichtige Rolle, die materiale Varianten des Gemeinwohls für die Interessenvermittlung und die Legitimation von allgemeinen wie von Partikularinteressen spielen. Ähnlich wie der Begriff der „Macht" in den heuristischen Modellen der *governance* allmählich verdampft ist, verliert sich auch der Begriff des Gemeinwohls in den diversen Fallstudien zur Interessenvermittlung.

Von der Politikwissenschaft lange verdrängt, nähern sich einige Autoren in letzter Zeit wieder inhaltlich dem Begriff des Gemeinwohls (vgl. Braun 2000; Münkler und Bluhm 2002; Schuppert und Neidhardt 2002). Aspekte wie beispielsweise die im Grundgesetz erwähnte „Volksgesundheit" können trotz ihrer Vagheit für sich in Anspruch nehmen, als politisches Ziel materiale Gemeinwohlkonzepte zu verkörpern (vgl. Schuppert 2002).

C. Strünck, *Gibt es ein Recht auf Gemeinwohl?*, essentials,
DOI 10.1007/978-3-658-04667-5_6, © Springer Fachmedien Wiesbaden 2014

Bei der Verfolgung solcher Ziele und der Definition inhaltlicher Gemeinwohlkriterien spielt im Übrigen auch die Wissenschaft eine wichtige Rolle. Sie empfiehlt Kriterien, mit welchen Maßnahmen beispielsweise Volksgesundheit, Rentenstabilität oder auch nachhaltige Energieversorgung am besten erreicht werden können. Doch hier ist selten die Politikwissenschaft gefragt.

Außerdem macht sich neben der Amerikanisierung des Rechts in Deutschland und Europa auch eine generelle „Politisierung des Rechts" bemerkbar, mit umgekehrten Konsequenzen für den Gemeinwohlbegriff. Opposition, politische Parteien, Interessengruppen und sogar individuelle Kläger weichen immer erfolgreicher auf Gerichte aus, um konfliktreiche Fragen rechtsfest klären zu lassen. In solchen Situationen müssen die Gerichte inhaltliche Kriterien dafür liefern, was im „öffentlichen Interesse" liegt und damit als gemeinwohlförderlich gelten kann.

Diesen Trend und die damit verbundene Renaissance substanzieller Gemeinwohlkriterien hat die Politikwissenschaft analytisch noch nicht in den Griff gekriegt. Vielleicht liegt es daran, dass sie sich eine falsche Enthaltsamkeit beim Gemeinwohlbegriff auferlegt hat, als problematisches Erbe der jahrzehntelangen Pluralismusdebatte.

Möglicherweise liegt dem auch ein Missverständnis von Pluralismus zugrunde, zumindest eine prozedurale Schrumpfversion von Pluralismus. Zum Einen geht es sicherlich um die Anerkennung gleich legitimer Positionen und Interessenlagen, um auf diese Weise grundsätzliche Konfrontationen in demokratisch lösbare Konflikte zu überführen. Zum Anderen aber machen die meisten pluralistischen Konzeptionen klar, dass Konflikte auf diese Weise latent gehalten, aber nicht gelöst werden. Das Konzept des „politisch limitierten Pluralismus" (Hegelich und Schubert 2008) verdeutlicht zum Beispiel, dass der Abschied vom Prinzipiellen dazu führt, dass Verhandlungen und Kooperation zum entscheidenden Konfliktlösungsmechanismus avancieren.

Damit haben sich substanzielle Gemeinwohlbegriffe jedoch keineswegs erledigt, ganz im Gegenteil. Mehrheiten dafür zu finden, gleich legitime Interessenlagen dennoch unterschiedlich zu gewichten, muss auch in einer Demokratie inhaltlich legitimiert werden. Schließlich werden zunächst die Positionen als gleich legitim anerkannt, nicht jedoch automatisch das Ergebnis. Die Ergebnisse von Verhandlungen und Kooperation sind mehr denn ja darauf angewiesen, als gemeinwohlförderlich gelten zu können, gerade in Zeiten von Haushaltskonsolidierung. Gemeinwohl lässt sich hierbei durchaus utilitaristisch deuten, sozusagen als größtmöglicher Nutzen für die größtmögliche Zahl an Menschen.

Welche politischen Maßnahmen diesem Kriterium tatsächlich genügen, ist in jedem Einzelfall umstritten. So ist auch nicht immer klar, ob die Positionen von Verbraucherverbänden der denkbar größten gesellschaftlichen Gruppe – nämlich allen Verbraucherinnen und Verbrauchern – gleichermaßen nützen. Aber die Verbände müssen diesen Anspruch inhaltlich plausibel in Gerichtsverfahren oder in der Öffentlichkeit nachweisen können. Erst recht müssen dies Verbände tun, die kleinere Gruppen vertreten.

Für die Politikwissenschaft käme es darauf an, solche Ansprüche mit den geforderten Maßnahmen und ihren möglichen Effekten systematisch zu vergleichen, um Widersprüche in der Interessenvermittlung aufzudecken. Damit eröffneten sich neue Möglichkeiten, den Einsatz und die Effekte von Macht in Kooperationsbeziehungen zu analysieren. Und auch die Politikwissenschaft könnte sich dann trauen, von „guter" oder „schlechter" Politik zu sprechen, nicht aus normativer, sondern aus empirischer Sicht.

Sich mit substanziellen Gemeinwohlideen zu beschäftigen – etwa dem Recht auf gesundheitliche Versorgung, auf sichere Lebensmittel oder auf Erhaltung der natürlichen Lebensgrundlagen – ist für eine moderne, empirische Machtanalyse im Geiste des Pluralismus daher unerlässlich.

Der Weg zurück zu einer normativen Prinzipienwissenschaft wäre wahrscheinlich ein Holzweg. Und „das" Gemeinwohl ist mit Sicherheit eine Schimäre. Doch in Interessenkonflikten auch inhaltliche Gemeinwohlkriterien identifizieren zu können: Diese Kompetenz müsste zum Rüstzeug einer empirisch-analytischen Politikwissenschaft gehören, die im pluralistischen Universum unterwegs ist.

Literatur

Baumgartner, Frank R. 1996. Public interest groups in France and the United States. *Governance* 9 (1): 1–22.

Braun, Dietmar. 2000. Gemeinwohlorientierung im modernen Staat. In *Gesellschaftliche Komplexität und kollektive Handlungsfähigkeit*, Hrsg. Raymund Werle und Uwe Schimank, 125–153. Frankfurt a M.: Campus.

Brownsword, Roger. 1993. *Law and the public interest. Proceedings of the 1992 ALSP Conference.* Stuttgart: Franz Steiner Verlag.

Eisner, Marc Allen, Jeff Worsham, und Evan J. Ringquist. 2000. *Contemporary Regulatory Policy.* Boulder: Lynne Rienner.

Häberle, Peter. 1970. *Öffentliches Interesse als juristisches Problem.* Bad Homburg: Athenäum.

Hegelich, Simon, und Klaus Schubert. 2008. Politisch limitierter Pluralismus als europäisches Spezifikum: Europäische Wohlfahrtssysteme. In *Europäische Wohlfahrtssysteme. Ein Handbuch*, Hrsg. Klaus Schubert, Simon Hegelich und Ursula Bazant, 647–660. Wiesbaden: VS Verlag für Sozialwissenschaften.

Hofmann, Hasso. 2002. Verfassungsrechtliche Annäherungen an den Begriff des Gemeinwohls. In *Gemeinwohl und Gemeinsinn im Recht. Konkretisierung und Realisierung öffentlicher Interessen. Zur Relevanz unbestimmter Rechtsbegriffe*, Hrsg. Herfried Münkler und Karsten Fischer 27–43. Berlin: Akademie Verlag.

Kagan, Robert A. 2001. *Adversarial Legalism. The American way of law.* Cambridge: Harvard University Press.

Kelemen, R. Daniel, und Eric C. Sibbitt. 2004. The globalization of American law. *International Organization* 58 (1): 103–136.

Michael, Lothar. 2004. Fordert § 61 Bundesnaturschutzgesetz eine neue Dogmatik der Verbandsklagen? *Die Verwaltung* 37 (1): 35–49.

Micklitz, Hans-W., und Astrid Stadler. 2006. The development of collective legal actions in Europe, especially in German civil procedure. *European Business Law Review* 17 (5): 1473.

Münkler, Herfried, und Harald Bluhm, Hrsg. 2002. *Gemeinwohl und Gemeinsinn. Zwischen Normativität und Faktizität.* Berlin: Akademie Verlag.

Musgrave, Richard A. 1962. The public interest: Efficiency in the creation and maintenance of material welfare. In *Nomos V: The public interest*, Hrsg. Carl J. Friedrich, 107–114. New York: Atherton Press.

Nonet, Philippe, und Philip Selznick. 1978. *Law and society in transition: Toward responsive law.* New York: Harper Colophon.

C. Strünck, *Gibt es ein Recht auf Gemeinwohl?*, essentials,
DOI 10.1007/ 978-3-658-04667-5, © Springer Fachmedien Wiesbaden 2014

Offe, Claus. 1969. Politische Herrschaft und Klassenstrukturen. Zur Analyse spätkapitalistischer Gesellschaftssysteme. In *Politikwissenschaft. Eine Einführung in ihre Probleme*, Hrsg. Gisela Kress und Dieter Senghaas, 155–189. Frankfurt a M.: Fischer.

Olson, Mancur. 1965. *The logic of collective action. Public goods and theory of groups*. Cambridge: Harvard University Press.

Rehder, Britta. 2009., Adversarial Legalism' in the German system of industrial relations? *Regulation & Governance* 3 (3): 217–234.

Reich, Robert B., Hrsg. 1988. *The power of public ideas*. Cambridge: Ballinger.

Sarat, Austin, Hrsg. 1997. *Race, law and culture. Reflections on Brown v. Board of Education*. New York: Oxford University Press.

Schmidt, Eike. 2002. Verbraucherschützende Verbandsklagen. *Neue Juristische Wochenschrift* 1:25–30.

Scholz, Rupert. 2003. Individualer oder kollektiver Rechtsschutz? Zum Verfassungsproblem der Zulassung von Sammel-, Gruppen- und Verbandsklagen. *Zeitschrift für Gesetzgebung* 18 (3): 248–263.

Schubert, Klaus 1989. *Interessenvermittlung und staatliche Regulation*. Opladen: Westdeutscher Verlag.

Schubert, Klaus, Hrsg. 1992. *Leistungen und Grenzen politisch-ökonomischer Theorie. Eine kritische Bestandsaufnahme zu Mancur Olson*. Darmstadt: Wissenschaftliche Buchgesellschaft.

Schuck, Peter H. 1987. *Agent orange on trial: Mass toxic disasters in the courts*. Cambridge: Belknap Press of Harvard University Press.

Schuppert, Gunnar Folke. 2002. Das Gemeinwohl. Oder: Über die Schwierigkeiten, dem Gemeinwohlbegriff Konturen zu verleihen. Hrsg. Schuppert, Gunnar Folke, 19–64. Friedhelm Neidhardt.

Schuppert, Gunnar Folke, und Friedhelm Neidhardt, Hrsg. 2002. *Gemeinwohl – Auf der Suche nach Substanz*. WZB-Jahrbuch. Berlin: Edition Sigma.

Shapiro, Martin. 1988. *Who guards the guardians? Judicial Control of Administration*. Athens: University of Georgia Press.

Strünck, Christoph. 2005. Mix-up: Models of governance and framing opportunities in U.S. and EU consumer policy. *Journal of Consumer Policy* 28 (2): 203–230.

Strünck, Christoph. 2006. *Die Macht des Risikos. Interessenvermittlung in der amerikanischen und europäischen Verbraucherpolitik*. Baden-Baden: Nomos.

Strünck, Christoph 2008. Claiming consumers' rights. Patterns and limits of adversarial legalism in European consumer protection. *German Policy Studies* 4 (1): 167–192.

Ulrich, Peter 1986. *Transformation der ökonomischen Vernunft*. 3. Aufl. Wien: Haupt.

Weisbrod, Burton A., et al. 1978. *Public interest law. An economic and institutional analysis*. London: University of California Press.

Wilson, James Q. 1973. *Political organizations*. New York: Basis Books.